BEI GRIN MACHT SICH IHR WISSEN BEZAHLT

- Wir veröffentlichen Ihre Hausarbeit,
  Bachelor- und Masterarbeit

- Ihr eigenes eBook und Buch -
  weltweit in allen wichtigen Shops

- Verdienen Sie an jedem Verkauf

Jetzt bei www.GRIN.com hochladen und kostenlos publizieren

Merchandising, Licensing und Digitalisierung des Marketings bei der TSG 1899 Hoffenheim

Marketing im Sport

GRIN ☺

Bibliografische Information der Deutschen Nationalbibliothek:

Die Deutsche Nationalbibliothek verzeichnet diese Publikation in der Deutschen Nationalbibliografie; detaillierte bibliografische Daten sind im Internet über http://dnb.d-nb.de abrufbar.

ISBN: 9783346785824
Dieses Buch ist auch als E-Book erhältlich.

© GRIN Publishing GmbH
Nymphenburger Straße 86
80636 München

Alle Rechte vorbehalten

Druck und Bindung: Books on Demand GmbH, Norderstedt Germany
Gedruckt auf säurefreiem Papier aus verantwortungsvollen Quellen

Das vorliegende Werk wurde sorgfältig erarbeitet. Dennoch übernehmen Autoren und Verlag für die Richtigkeit von Angaben, Hinweisen, Links und Ratschlägen sowie eventuelle Druckfehler keine Haftung.

Das Buch bei GRIN: https://www.grin.com/document/1309910

Inhaltsverzeichnis

1SWOT-ANALYSE 3

2MERCHANDISING UND LICENSING...7

2.1Wer...7

2.2Was...7

2.3Wem 8

2.4Bedingungen...8

2.5Kanäle...9

2.6Begleitmaßnahmen 9

2.7Zeitraum..10

3DIGITALISIERUNG 10

3.1Jugendorientierter Verein 10

3.2Zielgruppen und Marketingziele...11

3.3Inhalte und Mehrwert der App 12

3.4Chancen und Risiken der App...12

3.5Bekanntheitsgrad der App steigern 13

4SPONSORING..14

5LITERATURVERZEICHNIS...17

6TABELLENVERZEICHNIS...17

1   SWOT-Analyse

In der folgenden Tabelle 1 wird die Teilanalyse einer SWOT-Analyse für die TSG 1899 Hoffenheim dargestellt.

Tabelle 1: Teilanalyse der TSG 1899 Hoffenheim (eigene Darstellung)

Stärken	Schwächen
- 1899Akademie - Infrastruktur - SAP als führende Software - Julian Nagelsmann (Trainer seit 11.02.2016)	- kein Traditionsverein - Großinvestor Dietmar Hopp - wenige Mitglieder - geringer Bekanntheitsgrad
Chancen - viele Nachwuchstalente - gute Transferpolitik - zunehmende Modernisierung und Professionalität - Teilnahme an Gruppenphase der UEFA Champions-League 2018/2019	**Risiko** - Investorenverlust - zu große Entscheidungs-Abhängigkeit - Image-Schaden

Stärken

Die TSG 1899 Hoffenheim hat eine der besten Nachwuchsleistungszentren des Landes mit einer Höchstwertung von 3 Sternen bei der bundesweiten Zertifizierung von Nachwuchsleistungszentren durch den DFB und die DFL (vgl. Achtzehn99, 18.10.2018). Mit den drei Zentren „Grundlagenzentrum", „Akademie-Arena" und „Leistungszentrum" werden die Kinder und Jugendlichen in jedem Alter hervorragend gefördert. Die Akademie1899 bringt viele junge Spieler mit großem Potenzial hervor, die später als Profispieler eingesetzt oder für hohe Summen verkauft werden können.

Die Infrastruktur, gepaart mit der Lage des Vereins, ist ebenfalls eine große Stärke durch die gute Anbindung an das Verkehrsnetz und die öffentlichen Verkehrsmittel, durch modernen Ausbau und barrierefreie Zugänge. Die regionale Konkurrenz ist nicht sonderlich groß.

Mit SAP hat die TSG 1899 Hoffenheim eines der führenden Softwareunternehmen auf dem Markt als Partner, mit dem die Digitalisierung stark voran schreitet.

Eine der größten Stärken der TSG 1899 Hoffenheim ist wohl der Trainer Julian Nagelsmann. Seitdem er das Team leitet feiert der Verein große sportliche Erfolge, wie den 3. Platz der Bundesliga und die damit verbundene Qualifikation für die Championsleague. Sein sympathisches und bodenständiges Auftreten und seine Erfolg bringende Spieltaktik treffen auf große Beliebtheit.

Schwächen

Die TSG 1899 Hoffenheim ist kein typischer Traditionsverein und wurde vor Allem durch den Großinvestor Dietmar Hopp in der Vergangenheit gefördert. Seine finanzielle Unterstützung nimmt zwar stetig ab, doch seine Stimmrechte am Verein liegen immer noch bei 96%. Das führt zu einer großen Abhängigkeit in Entscheidungsfragen, die dem Verein einmal zum Verhängnis werden kann.

Im Vergleich zu der Konkurrenz hat die TSG 1899 Hoffenheim nur wenige Mitglieder (10.425) (vgl. Achtzehn99, Stand August 2018).

Eine weitere große Schwäche ist der fehlende Bekanntheitsgrad international. Dadurch kommen keine Partnerschaften und Kooperationen mit anderen Nationen zustande. Auch innerhalb Deutschlands ist die TSG 1899 Hoffenheim nicht groß genug um mit Merchandising oder TV-Werbung hohe Nebeneinnahmen zu generieren.

Chancen

Durch die sehr gute Ausbildung an der 1899Akademie bringt die TSG 1899 Hoffenheim viele ambitionierte Spieler hervor. Dadurch könnte die eigene sportliche Leistung des Teams weiterhin verbessert werden, damit der Qualifikation für die Champions-League weitere Qualifikationen folgen. Außerdem können gute Nachwuchs-Spieler auch für hohe Summen verkauft werden, womit der Verein sich finanziell von dem Großinvestor Dietmar Hopp etwas lösen könnte.

Durch die zunehmende Professionalität und die immer fortlaufende Modernisierung gewinnt der Verein an Attraktivität für sowohl Mitglieder, als auch mögliche neue Sponsoren.

Und auch durch die sportlichen Erfolge des letzten Jahres ist der Bekanntheitsgrad und die Mitgliederzahl stark gestiegen. Wenn die Erfolgsgeschichte so weitergeht wird die Mitgliederzahl stetig wachsen, sowie die Sponsorenzahl.

Risiko

Ein großes Risiko ist der Verlust vom größten Leistungsträger Dietmar Hopp. Er ist inzwischen im höheren Alter und somit könnte durch seinen Tod die finanzielle Lage des
Vereins bedroht sein, da wenig eigenes Geld zur Verfügung steht.

Andererseits ist Dietmar Hopp auch ein Risiko, da seine Entscheidungsgewalt schon des
öfteren zu großen Einfluss auf Spielerkäufe und -verkäufe hatte und in Zukunft
vielleicht wieder alleine Entscheidungen treffen wird, die eine Gefahr für den Erfolg
des Vereins darstellen können.

Auch hat der Verein durch die hohe Finanzierung von ihm einen Image-Schaden davon-
getragen. Da die TSG 1899 Hoffenheim kein Traditionsverein ist und durch
Dietmar Hopp alle Unterstützung kam, die dem Verein den Aufstieg ermöglicht hat,
wird ihr der Erfolg von anderen Vereinen und deren Fans nicht anerkannt.

Auf dieser erarbeiteten Teilanalyse wird in Tabelle 2 die SWOT-Matrix aufgestellt.

Tabelle 2: SWOT-Matrix der TSG 1899 Hoffenheim (eigene Darstellung)

	Chancen	Risiko
Stärken	**S-O-Strategien** - Förderung von Jungspielern bringt viele Profispieler hervor - Julian Nagelsmanns Vertrag ver- längern	**S-T-Strategien** - mit 1899Akademie nach außen wer- ben - Bindung zu SAP als Unternehmen stärken
Schwächen	**W-O-Strategien** - mehr in Öffentlichkeit gehen und mehr in Marketing und Merchandi- sing investieren - Attraktivität der Sponsorenver- träge steigern	**W-T-Strategien** - Image-Schaden beseitigen - Marken-Relaunch

S-O-Strategien

Die Förderung der jungen Spieler bringt zum Einen eine gute Transferpolitik mit sich,
womit der Verein Geld einnehmen kann. Aber die Förderung von Jungspielern bringt
auch viele Profispieler für den eigenen Verein, die den sportlichen Erfolg der Zukunft
sichern können. Fördert man sie zudem überregional oder sogar international, so führt das
zu größeren Bekanntheitskreisen.

Der momentane Trainer Julian Nagelsmann hat die Mannschaft zu ihrem bisher größten
Triumph geführt. Dieses Verhältnis zwischen der TSG 1899 Hoffenheim und dem Trainer

sollte verlängert werden, da er voraussichtlich im Juli 2019 zum RB Leipzig wechselt (vgl. Transfermarkt, 18.10.2018).

W-O-Strategien

Wenn die TSG 1899 Hoffenheim mehr in ihr Marketing und Merchandising investiert gelangt sie zu größerer Bekanntheit. Der erste Schritt wäre auf regionaler Ebene mehr Fanshops zu öffnen und mehr Medienpräsenz und Veranstaltungspräsenz zu zeigen.

Zusätzlich kann der Verein ein neues Sponsorenkonzept ausarbeiten um eine Partnerschaft für mehr Unternehmen attraktiv zu gestalten. Je mehr neue, auch kleine, Sponsorenverträge der Verein hat, desto unabhängiger wird er von Dietmar Hopp. Mit steigendem Bekanntheitsgrad werden dann viele kleine Verträge verlängert und vergrößert.

S-T-Strategien

Die 1899Akademie ist eine der größten Stärken der TSG 1899 Hoffenheim. Je mehr junge Talente auf der Akademie zu Profispielern ausgebildet werden, desto höher wird der eigene Erfolg der Mannschaft und desto mehr Ablösesummen bekommt er in der Zukunft.

Die TSG 1899 Hoffenheim sollte versuchen sich Schritt für Schritt unabhängiger von Dietmar Hopp machen und sich mehr und noch mehr von dem zweiten Großinvestor zu profitieren, dem Unternehmen SAP. Die Stimmrechte sollten besser Vereinsintern aufgeteilt werden.

W-T-Strategien

Es sollte definitiv gegen den bereits vorhandenen Image-Schaden angegangen werden. Durch öffentliche Auftritte und viel Öffentlichkeitsarbeit könnte man das allgemeine Sympathieempfinden der Bevölkerung gegenüber des Vereins anheben.

Außerdem kann ein Marken-Relaunch konzipiert werden. Jetzt, da die letzte Saison sehr erfolgreich war, muss man darauf aufbauen. Die Mitgliederzahlen sind seit Mitte 2017 verhältnismäßig stark gestiegen und daran soll angeknüpft werden. Es soll mehr geboten werden, die TSG 1899 Hoffenheim soll durch erfolgreiche Werbemaßnahmen, Merchandising, Marketing, die digitalen Medien mehr Mitglieder gewinnen. Innerhalb des Relaunch sollte der Verein auch international aktiver werden.

2 Merchandising und Licensing

2.1 Wer

Bei dem Volleyballverein „Volleyballfreunde 1987 e.V." wird das Merchandising in Eigenregie geführt. Da es ein familiärer Verein ist und viel mit Kindern und Jugendlichen und der Bevölkerung der Stadt arbeitet, ist es nicht zielorientiert mit Lizenzmanagement zu arbeiten. Auch die Auslagerung von Teilgebieten wird nicht benötigt, da die Aufgaben gut zwischen den Vereinsmitgliedern ehrenamtlich aufgeteilt werden können. Inzwischen ist es auch üblich, dass die Mehrheit der Vereine ihr Merchandising in Fanshops selbst verkaufen (Freyer, 2011, S.491). Da der Verein schon 30 Jahre existiert, gibt es viele langjährige Mitglieder, die für ihren Verein gerne einige anspruchsvollere Aufgaben erledigen. Auch die Kinder und Jugendlichen in den AGs tragen ihren Teil mit selbst beschrifteten Preiszetteln und selbst gestalteten Plakaten bei. Bei dem Jubiläum soll der Verein bestmöglich repräsentiert werden und das wird er durch Teamwork aller Beteiligten.

2.2 Was

Tabelle 3: Artikelbeschreibungen (eigene Darstellung)

Artikel	Sortimentsarchitektur
Jubiläums-Trikot	- dunkelgraues Trikot - auf den Ärmeln sind weiße Volleybälle - auf dem Rücken steht „30 Jahre", die „30" ist weiß und groß und darunter „Jahre" in weiß und kleinerer Schrift - auf der Brust ist groß das Vereinslogo zu sehen
Jubiläums-Handtuch	- dunkelgraues Sporthandtuch (klein) - „30 Jahre" und Vereinslogo in weiß aufgestickt
Jubiläums-Volleyball	- eine Spezialanfertigung - grau/weißer Volleyball - Vereinslogo aufgedruckt
Jubiläums-Kniestrümpfe	- graue Kniestrümpfe mit weißen Streifen am Bund - Vereinslogo an den Außenseiten der Wade
Schlüsselanhänger „Jubiläums-Volleyball"	- der „Jubiläums-Volleyball" in klein an einem Schlüsselring
Jubiläums-To-Go-Becher	- Isolierter Becher mit Deckel - grau

	- „30 Jahre" und Vereinslogo darunter in weiß aufge-druckt
Jubiläums-Feuerzeug	- graues Feuerzeug mit Vereinslogo

2.3   Wem

Die Produkte sind sowohl auf Volleyballspieler, als auch auf ihre Fans jeglichen Alters ausgerichtet. Alle Produkte sind limitiert und daher Einmalig.

Das Jubiläums-Trikot können sowohl die Fans während des Stadiongeschehens tragen, als auch die Volleyballspieler in ihrer Freizeit oder bei Vereinsfesten und Veranstaltungen.

Das Jubiläums-Handtuch ist für den Alltagsgebrauch für Jedermann als Sporthandtuch gedacht.

Der Jubiläums-Volleyball ist für alle aktiven Mitglieder und alle Volleyballspieler, die für den Alltagsgebrauch oder auch das reguläre Training einen einmaligen und besonderen Ball wollen.

Die Jubiläums-Kniestrümpfe sind für die sportlich aktiven Mädchen und Frauen gedacht, da sie funktional sind, und für alle, die gerne Kniestrümpfe tragen.

Der Schlüsselanhänger „Jubiläums-Volleyball" ist für alle Fans und stolzen Väter und Mütter, die Volleyball mögen.

Der Jubiläums-To-Go-Becher ist für die kälteren oder heißeren Tage für die Zuschauer der Spiele gedacht. Sie dürfen die Becher auch zu Wettkämpfen und Veranstaltungen mitbringen ohne Flüssigkeitsinhalt und müssen dann nicht den Pfand zurückbringen.

Das Jubiläums-Feuerzeug ist unabhängig von der Saison für den Alltagsgebrauch von Fans und Volleyballspielern.

2.4   Bedingungen

Die Preisbildung erfolgt nach dem Prinzip der Marktpreisstrategie, also liegen die Preise im Marktdurchschnitt. Die Mitglieder sollen nicht das Gefühl haben überdurchschnittliche Preise zu zahlen, da es ein familiärer Verein ist und das Merchandising die Mitglieder in ihrem Vereins-Gefühl bestärken und nicht für Missmut sorgen soll.

Am Tag der Jubiläums-Feier kann man Preise unter den Merchandise-Produkten gewinnen. Außerdem gibt es Freundschaftsspiele, bei denen die vereinseigenen Teams die Produkte tragen um sie zu vermarkten. Die Trikots und Kniestrümpfe bekommen die Spieler und Spielerinnen zum Einkaufspreis. Vor jedem Spiel läuft ein Mitarbeiter mit einer Box durch die Reihen, in die man Wettvorschläge werfen kann. Für jede richtige Wette bekommt man 10% Rabatt auf alle Artikel.

Tabelle 4: Preise der Jubiläums-Artikel (eigene Darstellung)

Artikel	Trikot	Handtuch	Volleyball	Kniestrümpfe	Schlüsselanhänger	To-Go-Becher	Feuerzeug
Einkaufspreis	13 Euro	7 Euro	9 Euro	6 Euro	3 Euro	8 Euro	0,50 Euro
Verkaufspreis	20 Euro	10 Euro	15 Euro	10 Euro	5 Euro	12 Euro	2 Euro

2.5 Kanäle

Die Artikel werden durch Eigenvertrieb des Vereins an die Fans und Mitglieder verkauft. Es wird sowohl stationäre Verkaufsstellen (zum Beispiel einen Fanshop, als auch verschiedene Stände bei Veranstaltungen und Wettkämpfen) geben, als auch ein mobiles Versand-System auf der Vereins-Homepage.

Dieses ist vor allem erforderlich, da der Verein viele junge Mitglieder hat. Sie halten sich viel im Internet auf und je öfter sie mit den Produkten konfrontiert werden, desto höher ist die Wahrscheinlichkeit, dass sie Artikel kaufen. Manche Fans oder Mitglieder können auch die stationären Verkaufsstellen nicht wahrnehmen oder wollen nicht extra für die Artikel zum Verein fahren.

Über die Website können auch große Sammel-Bestellungen mehrerer Personen abgegeben werden. Ab fünf Artikeln spart man die Versandkosten und ab zehn Artikeln bekommt man das günstigste Teil umsonst.

2.6 Begleitmaßnahmen

Eine Maßnahme, die zu ergreifen ist, ist der Bereich Social Media. Die Plattformen Facebook und Instagram sind kostenlos und haben eine große Reichweite, vor allem in der jüngeren Generation des Vereins. Dafür werden auch regelmäßig Mannschafts- und Spielfotos hochgeladen, auf denen beispielgebend Alle das Trikot und die Kniestrümpfe tragen oder in der Pause ihren Tee aus dem To-Go-Becher trinken. Repräsentieren der Artikel durch die Sportler und Mitarbeiter fördert den Verkauf sehr stark (Freyer, 2011, S. 488). Auch hier lassen sich einfache Mittel nutzen um die Reichweite zu erhöhen, zum Beispiel durch Teilen der Posts. Es wird ausgelost welche Person, die den Post teilt, ein Trikot geschenkt bekommt.

Eine weitere Maßnahme kann sein, dass man eine Jubiläumszeitschrift veröffentlicht. In ihr ist die Historie des Vereins dargestellt und witzige Bilder von den Mitgliedern damals und heute. Außerdem beinhaltet sie ein Sport-Quiz, eine Kinderseite und eine Veranstaltungsübersicht der kommenden Monate. Die verschiedenen AGs und Mannschaften können sich auf einer halben Seite vorstellen.

2.7 Zeitraum

Das Merchandisingkonzept soll einen Tag vor dem Tag und dem Fest des 30-jährigen Jubiläums starten, sodass die Spieler und Spielerinnen vom nächsten Tag schon alle die richtige Größe aussuchen können. Das Konzept läuft dann mit Ende der Saison aus. In der letzten Woche wird dann, falls nötig, ein Restposten ausgerufen und alles zum halben Preis verkauft.

3 Digitalisierung

3.1 Jugendorientierter Verein

Tabelle 5: Daten des Jugendorientierten Vereins (eigene Darstellung)

Vereinsangebot (Kernangebot des Vereins)	- Fitnesstraining - Funktionales Training

	- Powerlifting (Breiten- und Leistungssport)
Mitgliederzahl	513
Anzahl bezahlter Mitarbeiter	9
Anzahl ehrenamtlicher Mitarbeiter	25

3.2 Zielgruppen und Marketingziele

Die 1. Zielgruppe sind junge Menschen, die in den Trend vom Fitnesstraining einsteigen wollen, aber nicht auf die Halbwahrheiten der sozialen Medien und ihrer „Influencer" vertrauen. Auch junge Menschen, die gesundheitsbedingt Sport treiben sollen, jedoch keine Lust auf klassische Physiotherapie haben, sind aktive Mitglieder. Sie alle wollen verstehen, was sie tun, alles richtig machen und gesundheitsfördernd trainieren.

Durch den Veranstaltungskalender in der App kann man sich Erinnerungen setzen, wenn man ein Event nicht verpassen will. Auch sieht man welches Vereinsmitglied noch zu dieser Veranstaltung gehen will und kann sich verabreden. Schnell entstehen kleine Gruppen, die dann für mehr Öffentlichkeitsarbeit des Vereins sorgen. Dadurch können auch neue Kontakte und Interessenten für den Verein entstehen. Durch den Kurskalender stellt man sicher, dass kein Mitglied ein Training vergisst und erhöht somit die Anwesenheit und Bindung der Mitglieder.

Im Fitnesstraining kann man sehr viele Fehler machen und dadurch die Gelenke überstrapazieren und sich falsche Bewegungsabläufe angewöhnen. Die Effektivität leidet und es tritt kein Fortschritt ein.

Durch die App sollen die Jugendlichen „Hausaufgaben" bekommen. Der Trainer kann in einen Kalender kleine sportliche Aufgaben und „Challenges" für Zuhause schicken und als Nutzer muss man das Programm bis zum nächsten Training absolvieren. Es besteht aus einem Kurzvideo mit der Erklärung für die Übung und einer Stoppuhr, die die 60 Sekunden pro Übung abzählt. Somit hat der Trainer eine bessere Kontrolle, dass die Aufgaben zuhause gemacht werden. Somit werden schnellere und bessere Erfolge erreicht. Daraus resultiert ein gutes Empfehlungsgeschäft.

Die 2. Zielgruppe, die mit der App angesprochen werden sollen, sind die Fans des Vereins. Sie verpassen durch den Kalender ebenfalls keine Veranstaltungen und Wettkämpfe.

Durch die Galerie/das Forum können sie immer aktuelle Bilder ihrer Mannschaft ansehen, liken und kommentieren. So bindet man die inaktiven Mitglieder des Vereins und holt sie „mit ins Boot".

3.3 Inhalte und Mehrwert der App

Tabelle 6: Inhalt der App (eigene Darstellung)

Themen	Mehrwert für den Kunden	Mehrwert für den User
Kalender **Kurskalender:** **Zusagen, Absagen, Änderungen, Bewertungen, Kurs-Chat** **Veranstaltungs- und Wettkampfkalender:**	Kurskalender: - Bessere Planbarkeit der Teilnehmer - Anhand dessen Statistiken erstellen: Wie oft kommen die Mitglieder? (Ziel: Mitgliederbindung und Mitgliederpflege) Welche Kurse werden am häufigsten besucht? (Ziel: Optimierung der Kursplanung) - Einfache Informationsweitergabe zu den Kursen - Jeweiliger Trainer eines Kurses bekommt eine Benachrichtigung, wenn ein Mitglied im Kurs-Chat eine Frage stellt Veranstaltungs- und Wettkampfkalender: - Mehr Umsatz durch größeres Publikum	Kurskalender: - Bessere Verbindung der Mitglieder - Gegenseitige Motivation zu kommen - Fällt schwerer Abzusagen - Bietet mehr Planbarkeit den Sport in sein Leben zu integrieren, da sofortige Benachrichtigung, wenn sich Zeiten verschieben, wenn ein Kurs ausfällt oder durch gutes Wetter auf den Outdoor-Fitness-Bereich verlegt wird - Sterne-Bewertung der Kurse möglich - Öffentlicher Chat (wenn man auf Kurs klickt), in dem über den Kurs kommuniziert werden kann Veranstaltungs- und Wettkampfkalender: - immer auf dem aktuellen Stand sein
Home-Workout	- schnellere und bessere Erfolge der Mitglieder - besseres Weiterempfehlungsgeschäft -	- Verbesserung der Leistung - bessere Verinnerlichung der Bewegungsabläufe - bessere Erfolge für Schmerzfreiheit
Galerie/Forum	- kein Aufwand der Datenübermittlung - Mitgliederbindung	- jeder kann schnell und einfach auf Fotos zurückgreifen und die Wichtigen direkt auf dem Handy abspeichern - stärkt „Wir-Gefühl"
Ansprechpartner und Sponsoren	- Gewinn von Sponsoren	- Sponsoren sind immer auf dem aktuellen Stand

3.4 Chancen und Risiken der App

Chancen

Die Mitglieder werden an den Verein gebunden und der Verein wird mehr und mehr Teil ihres Lebens. Gerade bei der Jugend ist Fitness ein Lifestyle geworden, es ist cool sich zum Sport zu treffen, denn in der Instagram- und Facebook-Generation spielt es eine große Rolle gut auszusehen. Mit der App kann man die Digitalisierung des Vereins voran treiben und modernisieren. Die Jugendlichen identifizieren sich mehr mit ihrem Verein durch die App und bleiben ihm treu.

Daraus folgt, dass sich die Weiterempfehlung parallel dazu verbessert. Wenn man sich für einen Verein begeistert und viele Bekanntschaften und Freunde findet, sich unterstützt fühlt, nimmt man auch andere Freunde mit zu einem Training.

Risiken

Durch die Home-Workouts sollen die Jugendlichen Ehrgeiz entwickeln und vor allem diejenigen, die Sport von ihrem Arzt verschrieben bekommen haben, sollen dadurch ihre Beschwerden schneller lindern. Es kann aber auch dazu kommen, dass sich die Jugendlichen schnell kontrolliert fühlen und unter Druck geraten. Das soll beim Breitensport nicht der Fall sein, da die Jugendlichen dann unter Umständen nicht mehr gerne zum Training kommen.

Ein weiteres Risiko ist der Datenschutz. Jeder, der die App downloaded hat Zugriff auf viele Informationen und Bilder. Je mehr der Verein öffentlich preisgibt, desto angreifbarer macht er sich auch.

3.5 Bekanntheitsgrad der App steigern

Um mehr User für die App zu generieren, beginnt man auf den Sportveranstaltungen und Wettkämpfen Werbung dafür zu machen. Der Sportmoderator weist als Überbrückungs-mittel in Pausen auf die App hin und es hängen Poster in „Handy-Ansicht" aus, auf der man die verschiedenen Display-Ansichten der Themen der App sehen kann. Auch werden die Besucher der Veranstaltung gebeten, die coolsten selbstgemachten Fotos auf die App hochzuladen und zu teilen.

Weitere kostengünstige Werbung kann auf den digitalen Medien wie Facebook oder Instagram gemacht werden. Auch hier werden Bilder, auf denen die Funktionen der App zu sehen sind gepostet und es gibt ein Gewinnspiel. Die Fans der Facebook-Seite haben die Chance einen von zehn Gutscheinen von verschiedenen Sportartikelherstellern zu gewinnen. Sie sollen dafür Nutzer der App werden und es auf ihrem Profil teilen. Die Fans der Instagram-Seite haben die Chance einen von fünf Gutscheinen für die Fibo 2019 zu gewinnen. Sie sollen dafür ebenfalls Nutzer der App werden und drei weitere Freunde unter dem Gewinnspiel-Post verlinken.

Im Training werden die aktiven Mitglieder auf die App, und vor allem auf die Funktion des Home-Workouts, hingewiesen. Sie bekommen direkt bei diesem Training die Aufgabe Zuhause eine Übung zu machen. Dadurch hat man die ersten App-User ohne großen Aufwand.

Als größte und kosten-intensivste Maßnahme wird ein Artikel in einer renommierten Sportzeitschrift veröffentlicht. In dem Artikel wird es um das fortschrittliche Modell des Vereins gehen, da es dieses spezielle Konzept eines Fitness-Vereins noch nicht gibt. Weiterhin wird sich ein Abschnitt um die jüngste Entwicklung des Vereins, die App, drehen. Hier wird jedes Thema kurz aufgegriffen und auf das Gewinnspiel hingewiesen.

4   Sponsoring

Das Wirtschaftsunternehmen, das sich als Sponsor an dem Sportevent beteiligen möchte heißt „Hygiena" und stellt eigene Sporthygiene-Artikel her. Die Marke hat ein breit gefächertes Sortiment und will das Thema „Hygiene im Sport" voranbringen und ihre Wichtigkeit verdeutlichen.

Außerdem möchte das Unternehmen seinen Bekanntheitsgrad steigern und an neue Kontakte kommen.

Tabelle 7: Beschreibung "Hygiena" (eigene Darstellung)

Produktpalette Sporthygiene	- Muskelentspannungsbäder - Sportdeodorant - Sportshampoo

	- Sportduschgel - Extra haltbare Stylingprodukte - Intimbereich Pflege - Sportfunktions-Unterwäsche - Sporthandtücher - Sporthygiene Tabs für die Waschmaschine - Sporthandwäsche-Mittel - Lauf- und Sportschuh-Einlagen - Sportsocken - Desinfektionstücher für Körper und Flächen - Handdesinfektionsspender - Sportgerätedesinfektion
Zielgruppen	Sportler, Sportartikelhersteller, Sport- und Fitnessstudios
Distributionskanäle	Eigener Fachhandel und Onlineshop
Bisherige Kommuni- **kationsinstrumente**	- auf Messen - digitale Medien - lokale Zeitungen

Das Unternehmen ist sehr jung, wächst stetig und vergrößert und verbessert somit das Sortiment fortlaufend. Die Zielgruppen sind umfassend von der Hausfrau, die gelegentlich Sport treibt und dabei nicht auf ihr Styling verzichten möchte und sich abends gerne in die Badewanne legt, bis über leistungsorientierte Sportler, die Wert auf gute Sportsocken und die Sauberkeit der Trainingskleidung legen, bis hin zum Sport- und Fitnessstudio, das seinen Mitgliedern sehr gute Hygiene-Maßnahmen der Geräte und Hände bieten möchte.

Auf diesem Event soll die Marke vor allem vermehrt an die Privatpersonen getragen werden und durch Erwähnung als Sponsor auch die allgemeine Öffentlichkeit neugierig machen. Die Zielgruppenschnittmenge dieser Veranstaltung sind die Ausdauerathleten. Durch sie findet das Unternehmen „Hygiena" den Einstieg in die „Business to Business"-Gesellschaft der Laufveranstaltungen.

Es wurde im vorherigen Monat ein Fachhandel in der Stadt eröffnet und es sollen weitere folgen. Der Onlineshop besteht seit einem halben Jahr und spricht bisher vor allem Fitnessstudios der Umgebung an, was sich durch das Laufevent auch ändern soll.

Auf diesem Laufevent bietet das Unternehmen für jeden Läufer 2 Give-aways, in einer Tragetasche mit Logo darauf, an. Mit dieser Tragetasche laufen die ganzen Sportler dann über das Gelände und später Richtung ihres Heims, wodurch viele andere Passanten das Logo sehen können.

Außerdem gibt es ein Gewinnspiel, bei dem man eine von fünf Probierboxen kostenlos zugeschickt bekommt. Für den Versand muss man seine Kontaktdaten angeben.

Weiterhin ist das Logo von „Hygiena" auf allen Funktionsshirts zu sehen. Somit ist auf vielen Pressebildern das Logo zu sehen und auch Nicht-Läufer werden aufmerksam.

Bei der Preisverleihung steht eine große Bandenwerbung mit dem Logo im Hintergrund. Natürlich werden von dem Gewinner/der Gewinnerin Fotos gemacht, auf denen der Banner dann auch zu sehen sein wird. Das führt in besonderem Maß zu erhöter Bekanntmachung des Logos (Freyer, 2011, S. 540).

Als fünfte Einzelmaßnahme hat das Unternehmen viele Informationsmaterialien dabei. Mit diesen gehen die Mitarbeiter zu den Ständen der anderen Sponsoren und organisieren einen Termin zum Kooperationsgespräch.

Für das Sponsoring an diesem Event braucht das Unternehmen Werbe- und Merchandisingrechte.

„Hygiena" setzt sich zum Ziel eine höhere Bekanntheit zu erlangen. Die Fans des Laufevents sollen zu Neukunden von „Hygiena" werden. Auch wird das Image der Marke, dass Hygiene uns am Herzen liegen sollte, vermittelt. Vor allem, wenn man viel Sport macht ist es wichtig mit den richtigen und spezialisierten Produkten die Hygiene sicher zu stellen.

Durch dauerhafte Präsenz der sympathischen Mitarbeiter von „Hygiena" und starker Kommunikation tritt eine kognitive Wirkung bei den Interessenten ein. Durch Schlagwörter wie „unterstützend", „Wohlbefinden", „langanhaltend", „atmungsaktiv" und „frei von Schadstoffen" wird das Image der Produktpalette verinnerlicht. Der Sportler soll sich mithilfe von den Produkten mehr auf seine Leistung konzentrieren können und nicht von Schweißgerüchen oder unangenehmen Reibungen durch falsche Unterwäsche abgelenkt werden.

Durch dieses Konzept soll als weiteres Ziel die affektive Wirkung eintreten. Das Markenimage ist glaubhaft und der Interessent fühlt sich ernst genommen und gut versorgt. Er sympathisiert mit der Marke und ihm werden viele kleine Probleme beim Sport abgenommen, über die er vorher noch nie direkt nachgedacht hat.

Daraus folgen die ökonomischen Ziele der Absatz- und Umsatzzahlenerhöhung.

Für das Erfolgscontrolling werden in den folgenden Wochen Umfragen in den umliegenden Sportstudios stattfinden. Eine weitere Erfolgsmessung sind die gesammelten Kontaktkarten. Über einen längeren Zeitraum, zum Beispiel 3 Monate, kann man eine Statistik aufstellen inwiefern sich die Nachfrage verändert hat.

5   Literaturverzeichnis

Achtzehn99 (2018). *Fußball und mehr.* Zugriff am 18.10.2018. Verfügbar unter: https://www.achtzehn99.de/akademie/philosophie/

Achtzehn99 (2018). *Von der Gründung bis heute.* Zugriff am 18.10.2018. Verfügbar unter: https://www.achtzehn99.de/tsg/historie/

Freyer, W. (2011). *Sport-Marketing: Modernes Marketing-Management für die Sport-wirtschaft,* (4., erweiterte Aufl.). Berlin: Erich Schmidt.

Transfermarkt (2018). *Julian Nagelsmann.* Zugriff am 18.10.2018. Verfügbar unter: https://www.transfermarkt.de/julian-nagelsmann/profil/trainer/8402

6   Tabellenverzeichnis

Tabelle 1: Teilanalyse der TSG 1899 Hoffenheim (eigene Darstellung)............................3

Tabelle 2: SWOT-Matrix der TSG 1899 Hoffenheim (eigene Darstellung)....................5

Tabelle 3: Artikelbeschreibungen (eigene Darstellung) 7

Tabelle 4: Preise der Jubiläums-Artikel (eigene Darstellung)..9

Tabelle 5: Daten des Jugendorientierten Vereins (eigene Darstellung)..........................10

Tabelle 6: Inhalt der App (eigene Darstellung) 12

Tabelle 7: Beschreibung "Hygiena" (eigene Darstellung)...14

BEI GRIN MACHT SICH IHR WISSEN BEZAHLT

- Wir veröffentlichen Ihre Hausarbeit,
  Bachelor- und Masterarbeit

- Ihr eigenes eBook und Buch -
  weltweit in allen wichtigen Shops

- Verdienen Sie an jedem Verkauf

Jetzt bei www.GRIN.com hochladen und kostenlos publizieren